はじめに

　ロシア語を履修してしまった皆さん、これからヘンテコな文字やおびただしい語形変化、動詞の体（？）といったロシア語文法の闇に入っていきます。この教科書では皆さんの苦痛を少しでも和らげようと、ロシア語文法のとりわけ大事な部分を厳選し、「ミニマム」な1冊に仕上げました。単語数もミニマムにおさえ、同じ単語を繰り返し登場させ、覚えやすいようにしてあります。全課を通じて名詞・形容詞の格変化は単数形だけに限定しました。難解なロシア語ではまず単数形の格変化だけに集中するのがよいでしょう。これをマスターすれば複数形の格変化は独学でも容易に習得できます。

　各課は**文法事項の解説、新しい単語、練習問題、会話**の4つの部分から構成されています。文法と単語を学習したあと、練習問題で知識を定着させます。文法事項と練習問題の順番は対応しているので、一つの文法事項を終えるたびに練習問題を確認するというやり方もできます。練習問題には新出単語はなく、その課で登場した新しい単語や学習済みの単語が反復されています。各課の最後には小さな会話のコーナーがあります。その課で学んだ文法事項と合わせて日常会話で役立つような表現を紹介しています。教室ではペアを組み、単語を入れ替えて類似の会話を練習したり、教師に従ってさらに発展的な表現を補ったりといった学習も可能です。また、本書の後半からは聞き取り問題もいくつか入れました。小さなテクストなので、ロシア語の音だけでなくイントネーションも確認し、生きた文章の流れを味わいましょう。

　本書の巻末には語形変化表をまとめました。総復習や複数形の格変化の学習に役立ててください。音声教材については著者のクセーニヤ・ゴロウィナと、マキシム・クリコフさんが吹き込みをしてくれました。最後になりましたが、朝日出版社の山田敏之さんは、著者のわがままにも柔軟に対応し、丹念な編集作業で本書を完成まで導いてくださいました。心からお礼申し上げます。

朝妻恵里子
クセーニヤ・ゴロウィナ

目　次

Русский минимум

Эрико Асадзума
Ксения Головина

Издательство АСАХИ

ミニマムロシア語 URL
（音声・単語集）

https://text.asahipress.com/free/others/minimumrussian/index.html

装丁・イラスト─明昌堂

1 アルファベット：母音字10、子音字21、記号2の全部で33文字

文字	名称	音価	発音のヒント	例
А а	[á]	[a]	日本語の「ア」	алфави́т
Б б	[bé]	[b]	英語のb	бале́т
В в	[vé]	[v]	英語のv	Владивосто́к
Г г	[gé]	[g]	英語のg	Гага́рин
Д д	[dé]	[d]	英語のd	Достое́вский
Е е	[jé]	[je]	yesのye	Евро́па
Ё ё	[jó]	[jo]	日本語の「ヨ」	ёлка
Ж ж	[ʒé]	[ʒ]	口をすぼめ、舌はスプーン状に	журна́л
З з	[zé]	[z]	英語のz	знак
И и	[í]	[ı]	日本語の「イ」	исто́рия
Й й	[ıkrátkəjə]	[j]	boyのy	Чайко́вский
К к	[ká]	[k]	英語のk	кремль
Л л	[él]	[l]	英語のl, feelのl	Ленингра́д
М м	[ém]	[m]	英語のm	Москва́
Н н	[én]	[n]	英語のn	наро́д
О о	[ó]	[o]	日本語の「オ」	О́льга
П п	[pé]	[p]	英語のp	Пётр Пе́рвый

文字	名称	音価	発音のヒント	例
Р р	[ér]	[r]	巻き舌で	Росси́я
С с	[és]	[s]	英語のs	Санкт-Петербу́рг
Т т	[té]	[t]	英語のt	Толсто́й
У у	[ú]	[u]	日本語の「ウ」	Ура́!
Ф ф	[éf]	[f]	英語のf	фру́кты
Х х	[xá]	[x]	hotのhに近い	Хорошо́!
Ц ц	[tsé]	[ts]	日本語の「ツ」の子音部分	цирк
Ч ч	[tʃʲé]	[tʃʲ]	日本語の「チ」の子音部分	Чебура́шка
Ш ш	[ʃá]	[ʃ]	shyのshに近い。口をすぼめる。	Шостако́вич
Щ щ	[ʃʲʃʲá]	[ʃʲʃʲ]	口を横に開く。長い子音。	борщ
ъ	[tʼvʼórdıj znák]		単独では発音しない	субъе́кт
ы	[í]	[ɨ]	cookieのieに近い	мы
ь	[mʼáxʼkʼıj znák]		単独では発音しない	ию́нь
Э э	[é]	[e]	日本語の「エ」	э́то
Ю ю	[jú]	[ju]	日本語の「ユ」	Ю́рий
Я я	[já]	[ja]	日本語の「ヤ」	я

1

2 10個の母音字

硬母音字の前に短い「イ」を加えると、対応の軟母音字になる。（ыとиは例外）

硬母音字	а	ы	у	э	о
軟母音字	я	и	ю	е	ё

3 アクセント

アクセントがある母音は強く長く発音します。

он, да, суп, там, дом, парк

па́па, ма́ма, шко́ла, до́ма, кни́га, стака́н

ко́мната, анана́с, капу́ста, му́зыка, руба́шка

> 1音節の場合はアクセント記号は省略します

> アクセントは ´ で表します。

✓ ポイント！

・アクセント記号があるのは教科書だけです。単語とともにアクセントも一緒に覚えましょう。

・ё にはつねにアクセントがあります。

4 アクセントのないoとe

1) アクセントがないoは、aと発音

гора́ [gará], молоко́ [məlakó], Москва́ [maskvá], соба́ка [sabákə]

2) アクセントがないeは、иと発音

река́ [r'ɪká], о́зеро [óz'ɪrə], берёза [b'ɪr'ózə]

5 軟らかい子音字

子音字は①ьの前、②я, и, ю, е, ёの前に書かれていると、「イ」の口をしながら軟らかく発音します。（ж, ц, шは例外）

мать, знать, мя́со, спаси́бо, студе́нт, газе́та, тётя, нет

6 ъとь

ъもьもこれ自体には音はありません。区切って発音することを表す記号です。

объе́кт

> 「アブ・エクト」

семья́

> 「シミ・ヤー」

比べよう！

сесть（座る）　　съесть（食べる）

полёт（飛ぶこと）　польёт（注ぐ）

Упражнения

1 以下の日本の地名を読みなさい。 **8**

Тóкио, Сáппоро, Ниигáта, Нáра, Нагóя, Óсака, Киóто, Сѝга, Хоккáйдо, Канагáва, Фукуóка

2 以下の人名を読みなさい。 **9**

Мисѝма Юѝкио, Кавабáта Ясунáри, Барáк Обáма, Владѝмир Пýтин, Фёдор Достоéвский

3 アクセントに注意して読みなさい。 **10**

банк, спорт, чай, парк, книѝга, стакáн, рýчка, журнáл, икрá, два, зáвтра, карандáш

4 アクセントのないoに注意して発音しなさい。 **11**

водá, окнó, Москвá, чýдо, молокó, слóво, óблако, когдá

5 アクセントのないeに注意して発音しなさい。 **12**

веснá, телевѝзор, метрó, рекá, сестрá, теáтр

6 軟子音に注意して発音しなさい。 **13**

июѝль, сентяѝбрь, декáбрь, университéт, мéсто, зимá, одѝн, мобѝльник

7 ъとьに注意して発音しなさい。 **14**

статьяѝ, субъéкт, подъём, вьюѝга, чьи

⟨ Поговорим! ❶ ⟩ **15**

Привéт!
Я – Юѝрий.
Привéт! А я – Óльга.

(⇒「ダッシュの使い方」については11ページ参照)

16 **1** 名詞の性

3つの文法性があります。どの性に属するかは語末の文字によって判断できます。

	語末の文字	例
男性名詞	子音、-ь	студе́нт, слова́рь
女性名詞	-а, -я, -ь	шко́ла, пе́сня, тетра́дь★
中性名詞	-о, -е, -мя	окно́, мо́ре, и́мя

✔ ポイント！

・-ьでおわる単語は男性名詞・女性名詞のいずれに属するかを覚えなければなりません。

・-мяは中性名詞。

・па́па, дя́дя, Ники́таのように語末が-а, -яでも男性名詞のものがあります。

17 **2** 名詞の複数形

アクセント移動

	複数形の語尾	例
男性名詞	-ы（-и）	студе́нт→студе́нт**ы**, слова́рь→словар**и́**
女性名詞	-ы（-и）	шко́ла→шко́л**ы**, пе́сня→пе́сн**и**, тетра́дь→тетра́д**и**
中性名詞	-а（-я）	окно́→о́кн**а**, мо́ре→мор**я́**, и́мя→имен**а́**

アクセント移動

✔ ポイント！

・いつも複数形の名詞：де́ньги, часы́など

18 **3** つづり字の規則

Г
К
Х
Ж
Ч
Ш
Щ

Ы → И
Ю → У
Я → А

例）кни́га → кни́г**и**
　　студе́нтка→ студе́нтк**и**

4

4 形容詞

修飾する名詞の性に応じて形容詞の語尾が変化します。

	男性形	女性形	中性形	複数形
硬変化A	но́в**ый**	но́в**ая**	но́в**ое**	но́в**ые**
硬変化B	голуб**о́й**	голуб**а́я**	голуб**о́е**	голуб**ы́е**
軟変化	си́н**ий**	си́н**яя**	си́н**ее**	си́н**ие**
混合型	ру́сск**ий**	ру́сск**ая**	ру́сск**ое**	ру́сск**ие**

つづり字の規則

✔ ポイント！

英語と同じように、形容詞には①修飾用法と②述語用法があります。

①修飾用法	②述語用法
но́вый студе́нт	Слова́рь но́вый.
ру́сская пе́сня	Тетра́дь голуба́я.
но́вое окно́	Мо́ре си́нее.
ру́сские студе́нты	О́кна голубы́е.

- Како́й студе́нт? - Но́вый студе́нт.

- Кака́я кни́га? - Ру́сская кни́га.

- Како́е мо́ре? - Си́нее мо́ре.

- Каки́е тетра́ди? - Голубы́е тетра́ди.

како́й （どんな）

男性	女性	中性	複数
како́й	кака́я	како́е	каки́е

★子音の無声化と有声化①

有声・無声の対立がある子音は、語末にある場合と後続音に影響される場合、
対応の有声音あるいは無声音で発音されます。

有声	б в г д ж з
無声	п ф к т ш с

①無声化	②有声化
хле**б**	**с**де́лать
го́ро**д**	фу**т**бо́л
дру**г**	во**к**за́л
тетра́**дь**	
за́**в**тра	

ただしвは例外！　例）тво**й**, Москв**а́**

✎ 新しい単語

☐ де́ньги　☐ дя́дя　☐ и́мя　☐ кни́га　☐ мо́ре　☐ окно́　☐ па́па　☐ пе́сня　☐ слова́рь
☐ студе́нт　☐ студе́нтка　☐ тетра́дь　☐ часы́　☐ шко́ла　☐ голубо́й　☐ како́й
☐ но́вый　☐ ру́сский　☐ си́ний

Упражнения

1 次の語の性を言いなさい。

кни́га, пе́сня, и́мя, студе́нт, мо́ре, тетра́дь

2 無声化・有声化に注意し、発音しなさい。

зуб, авто́бус, вку́сный, друг, год, пло́щадь, нож, газ, оши́бка, сда́ча, сде́лать

3 形容詞**но́вый**を以下の名詞と結びつけなさい。

окно́, слова́рь, пе́сни（複数）, студе́нт

4 （　　　）内の**како́й**を適切な形にし、訳しなさい。

1）（Како́й）слова́рь?

2）（Како́й）окно́?

3）（Како́й）пе́сни?

4）（Како́й）шко́ла?

5 例にならって、名詞と形容詞を組み合わせ、会話を作りなさい。

例）- Како́й слова́рь?

　　- Но́вый.

名詞	形容詞
мо́ре	ру́сский
кни́га	си́ний
часы́	но́вый

6 例にならって**Анке́та**（記入表）を完成させなさい。

例）

Анке́та

И́мя	Ники́та
Фами́лия（姓）	Ивано́в
Го́род（町）	Москва́

Анке́та

И́мя	
Фами́лия（姓）	
Го́род（町）	

⟨ Поговори́м! ❶ ⟩

21

—До́брое у́тро, студе́нты!
—Здра́вствуйте, Серге́й Миха́йлович!

1 人称代名詞

1) 人称代名詞

	単数	複数
1人称	я	мы
2人称	ты	вы
3人称	он она́ оно́	они́

✔ ポイント！

・вы は複数のほかに、一人の相手に敬称として用いられることもあります。ты は遠慮のいらない親しい相手に、вы は初対面の人や目上などかしこまった間柄に使います。

2) 三人称の代名詞：三人称の代名詞は人だけでなく**モノ**も指し、名詞の性と一致させます。

Вот тетра́дь. **Она́** но́вая.

Вот мо́ре. **Оно́** си́нее.

Вот часы́. **Они́** но́вые.

2 動詞の現在人称変化

主語の人称と数に応じて6通りに変化。変化のしかたは次の2パターンです。

1) 第1変化：語末の2文字 ть を取って人称変化

不定形 人称	рабо́тать 「働く」	знать 「知っている」
я	рабо́та**ю**	зна́**ю**
ты	рабо́та**ешь**	зна́**ешь**
он / она́	рабо́та**ет**	зна́**ет**
мы	рабо́та**ем**	зна́**ем**
вы	рабо́та**ете**	зна́**ете**
они́	рабо́та**ют**	зна́**ют**

2) 第2変化：語末の3文字を取って人称変化

人称 ＼ 不定形	говори́ть 「話す」	смотре́ть 「見る」
я	говорю́	смотрю́
ты	говори́шь	смо́тришь
он / она́	говори́т	смо́трит
мы	говори́м	смо́трим
вы	говори́те	смо́трите
они́	говоря́т	смо́трят

アクセント移動するものあり

Она́ мно́го рабо́тает. Я то́же мно́го рабо́таю.

Я зна́ю сло́во «кни́га».

Хиро́си хорошо́ говори́т по-ру́сски.

Андре́й смо́трит ру́сский фильм.

★筆記体
左はアルファベット、右は上の例文を筆記体にしたものです。

Аа Бб Вв Гг Дд Ее Ёё Жж
Зз Ии Йй Кк Лл Мм Нн Оо
Пп Рр Сс Тт Уу Фф Хх Цц
Чч Шш Щщ Ъъ Ыы ьь Ээ Юю Яя

Она мно́го рабо́тает.
Я то́же мно́го рабо́таю.
Я зна́ю сло́во «кни́га».
Хиро́си говори́т по-ру́сски.
Андре́й смо́трит ру́сский фильм.

🏷 新しい単語

☐ я ☐ ты ☐ он ☐ она́ ☐ оно́ ☐ вы ☐ мы ☐ они́ ☐ сло́во ☐ фильм
☐ говори́ть[2] ☐ знать[1] ☐ рабо́тать[1] ☐ смотре́ть[2] ☐ вот ☐ мно́го ☐ по-ру́сски
☐ то́же ☐ хорошо́

9

1 例にならって、（　　）に代名詞を入れ、訳しなさい。

例）Вот кни́га.（Она́）но́вая.

1）Вот слова́рь.（　　　）но́вый.

2）Вот кни́ги.（　　　）но́вые.

3）Вот шко́ла.（　　　）но́вая.

4）Вот часы́.（　　　）но́вые.

5）Вот тетра́дь.（　　　）но́вая.

2 次の動詞の現在人称変化を書きなさい。動詞の右上の数字は変化の型を表します。

不定形 人称	рабо́тать[1]	смотре́ть[2]
я		
ты		
он / она́		
мы		
вы		
они́		

3 例にならって「〜も」の意味のто́жеを使って文を作りなさい。

例　- Я смотрю́ фильм.　　　　　　私は映画を見ています。

　　- Андре́й то́же смо́трит фильм.　アンドレイも映画を見ています。

1）- Они́ смо́трят но́вый фильм.

　　- Я ...

2）- Я хорошо́ говорю́ по-ру́сски.

　　- Хиро́си ...

3）- Она́ мно́го рабо́тает.

　　- Вы ...

4）- Они́ зна́ют.

　　- Мы ...

4 （　　）内の語を現在人称変化させなさい。

1）Серге́й мно́го（рабо́тать）.　　→

2）Студе́нты（говори́ть）по-ру́сски.　　→

3）Ты（смотре́ть）фильм?　　→

4）Он（знать）сло́во «тетра́дь».　　→

5）Я то́же（говори́ть）по-ру́сски.　　→

6）Мы хорошо́（знать）То́кио.　　→

5 例にならって、囲みの語を用いて文を作りなさい。

例）Я зна́ю сло́во «хон».　　　私は「本」という語を知っています。

　　«Хон» –★«кни́га» по-ру́сски.　　「本」はロシア語で«кни́га»です。

тетра́дь, рабо́тать, фильм, мно́го

★ダッシュの使い方

主語も述語も名詞の文では、ダッシュで主述関係を表します。

Мой па́па – врач.　　私のお父さんは医者です。

 Поговори́м! **2**

—Вы говори́те по-ру́сски?

—Да, немно́го.

—Отли́чно!

24

25 **1 所有代名詞**

結びつく名詞の文法性と一致します。（持ち主の性は無関係です。）

	я	ты	он	онá	мы	вы	они́
男性形	мой	твой			наш	ваш	
女性形	моя́	твоя́	его́☆	её	нáша	вáша	их
中性形	моё	твоё			нáше	вáше	
複数形	мой	твой			нáши	вáши	

発音注意

☆его́ [jivó]

мой
твой
его́ / её } журнáл
наш
ваш
их

моя́
твоя́
его́ / её } кни́га
нáша
вáша
их

Моё и́мя Михаи́л.

Его́ фами́лия Петро́в.

26 **2 基本的な文**

英語のbe動詞にあたる語は現在形では不要です。また、ロシア語には冠詞もありません。

1)「これは〜です」

Э́то мой друг.

Э́то мои́ кни́ги.

Он студе́нт.

2)「〜が…にいる・ある」

Мáма дóма.

Там нáш дом.

3) 疑問文

クエスチョンマークを付けるだけですが、イントネーションが変わります。

- Э́то твой слова́рь? - Да, мой.
- Па́па до́ма? - Да, до́ма.
- Вы япо́нец? - Да, япо́нец.

Э́то твой слова́рь?　Да, мой.

Па́па до́ма?　Да, до́ма.

Вы япо́нец?　Да, япо́нец.

4) 否定文

否定する語の直前に否定の助詞неをそえます。неには通常アクセントはありません。次の語と続けて読みます。

- Э́то ва́ша тетра́дь? - Нет, э́то **не** моя́ тетра́дь.
- Вы рабо́таете? - Нет, я **не** рабо́таю.

5) 疑問詞を伴う疑問文

発音注意

- **Что**☆ э́то? - Э́то на́ша шко́ла.
- **Что** де́лает Михаи́л? - Он смо́трит фильм.
- **Кто** э́то? - Э́то Ни́на. Она́ студе́нтка.
- **Где** мой часы́? - Не зна́ю.

☆что 〔ʃtó〕

Что э́то?

Э́то на́ша шко́ла.

Что де́лает Михаи́л?

Он смо́трит фильм.

Кто э́то?

Э́то Ни́на.　Она студе́нтка.

Где мои́ часы́?

Не зна́ю.

✎ **新しい単語**

☐мой ☐твой ☐его́ ☐её ☐ваш ☐наш ☐их ☐дом ☐друг ☐ма́ма

☐фами́лия ☐япо́нец ☐япо́нка ☐де́лать[1] ☐где ☐кто ☐что ☐там ☐до́ма

1 （　　）内の所有代名詞を適切な形にし、訳しなさい。

1) Э́то（наш）па́па.

2) Э́то（мой）и́мя.

3) Э́то（их）друг.

4) Э́то（ваш）словари́.

5) Э́то（его́）фами́лия.

6) Вот（твой）де́ньги.

2 （　　）内の代名詞を所有代名詞にし、訳しなさい。

例）Э́то（мы）фами́лия.　　→ Э́то（на́ша）фами́лия.

1) Вот（я）шко́ла.　　→

2) Э́то（он）кни́га?　　→

3)（Вы）тетра́дь там?　　→

4) Э́то（они́）словари́?　　→

5)（Мы）студе́нты там?　　→

6) Э́то（она́）друг?　　→

3 イントネーションに注意しつつ疑問文にし、肯定形で答えなさい。

例）Э́то ваш слова́рь.　　→ - Э́то ваш слова́рь? - Да, мой.

1) Он студе́нт.　　→

2) Вы ру́сский★.　　→

3) Ни́на до́ма.　　→

4) Ма́ма рабо́тает.　　→

5) Э́то твои́ часы́.　　→

4 次の質問に否定形で答えなさい。

例）Э́то ва́ша кни́га?　　　→ <u>Нет, не моя́.</u>

1）Михаи́л до́ма?　　　　→

2）Ты студе́нт?　　　　　→

3）Тетра́дь там?　　　　　→

4）Э́то си́няя кни́га?　　　→

5）Э́то твой дом?　　　　→

5 ロシア語にしなさい。

1）私の水色のノートはどこですか。

2）マリヤは何を読んでいますか。

3）－これはあなたたちの家ですか。－いいえ、これは彼女の家です。

4）－こちらはどなたですか。－こちらはミハイルです。彼は大学生です。

★形容詞の形をした名詞 ㉗

ру́сский 「ロシア人」　　*cf.* япо́нец 「日本人」

Он ру́сский.　　　　　Он япо́нец.

Она́ ру́сская.　　　　　Она́ япо́нка.

Они́ ру́сские.　　　　　Они́ япо́нцы.

> япо́нецの
> 母音eが落ちます
> （出没母音⇒32ページ）

ру́сскийは形容詞の「ロシアの」の意味のほかに、名詞としても用いられます。ただし性・数の違いを形容詞変化で表します。一方のяпо́нец /
япо́нкаはもともと名詞です。

≪ **Поговорим!** ❸ ≫ ㉘

—Как твои́ дела́?

—Хорошо́, спаси́бо! А твои́?

—То́же хорошо́!

Урок
4
четыре

29 **1** 格とは

日本語の「が」「に」「を」などの助詞の働きを、ロシア語では語そのものを変化させて表します。これを格変化といい、全部で6格あります。

主格「～が」	студе́нт	**Студе́нт** чита́ет.	学生は読書をしています。
生格「～の」	студе́нта	Э́то кни́га **студе́нта**.	これは学生の本です。
与格「～に」	студе́нту	Я звоню́ **студе́нту**.	私は学生に電話します。
対格「～を」	студе́нта	Я зна́ю **студе́нта**.	私は学生を知ってます。
造格「～によって」	студе́нт**ом**	Кни́га прочи́тана **студе́нтом**. 本は学生によって読まれた。	
前置格「～で、に、 ～について」	студе́нт**е**	Мы говори́м о **студе́нте**. 私たちは学生について話しています。	

30 **2** 対格（単数形）

主に「～を」の直接目的語の働きをします。

性		主格	対格	語尾
男性名詞	活動名詞	студе́нт	студе́нт**а**	-a (-я)
	不活動名詞	журна́л	журна́л	（＝主格）
女性名詞		кни́га	кни́г**у**	-у (-ю)
中性名詞		окно́	окно́	（＝主格）

✔ **ポイント！**

・男性名詞においてのみ**活動名詞**と**不活動名詞**の区別があります。活動名詞とは人や動物など生き物（студе́нт, друг, япо́нецなど）を、不活動名詞とはモノ（журна́л, слова́рьなど）を指します。
・-a, -яでおわる男性名詞は女性名詞と同じ変化をします。па́па（主）- па́пу（対）
・-ьでおわる女性名詞の対格は主格と同じ形になります。тетра́дь（主）- тетра́дь（対）

Мы смо́трим фильм.
Студе́нт чита́ет газе́ту.
Серге́й слу́шает му́зыку до́ма.
Я де́лаю упражне́ние.
Преподава́тель зна́ет Ива́на.
Он лю́бит бра́та и сестру́.

アクセント
移動

люби́ть（愛する）の変化

я лю́блю́	мы лю́бим
ты лю́бишь	вы лю́бите
он лю́бит	они́ лю́бят

я люблю́のлに注意。

3 動詞の過去形

1) 動詞の過去形：тьをとって主語の性・数に応じて以下の語尾をつけます。

不定形	чита́ть	смотре́ть
男性形	чита́л	смотре́л
女性形	чита́**ла**	смотре́**ла**
中性形	чита́**ло**	смотре́**ло**
複数形	чита́**ли**	смотре́**ли**

✔ **ポイント！**

・現在人称変化のときの第1変化、第2変化といった区別は過去形ではありません。

・яやтыはそれぞれが男性か女性によって使い分けます。

・敬称のвыはひとりの相手を示す場合でも常に複数形になります。

- Вы смотре́**ли** япо́нский☆ фильм? - Да, смотре́**л**.

Вчера́ моя́ сестра́ слу́ша**ла** му́зыку до́ма.

Ива́н, ты де́лал упражне́ние?

2) бытьの過去形

英語のbe動詞にあたるбытьは現在形では使われませんが、過去形では必要です。

不定形	男性形	女性形	中性形	複数形
быть	был	была́	бы́ло	бы́ли

Мой брат был до́ма.

Вчера́ была́ хоро́шая пого́да.
副詞　　　　　　　　主語

男性形	女性形	中性形	複数形
хоро́ший	хоро́шая	хоро́шее	хоро́шие

✔ **ポイント！**

・「いる、ある」の意味のほか「行く、来る」の意味でも用いられます。

・否定の助詞неとともに用いられるとアクセントの移動があります。

男性形	女性形	中性形	複数形
не́ был	не была́	не́ было	не́ были

- Где ты была́ вчера́?

- Вчера́ я была́ до́ма и чита́ла кни́гу.

🏷 **新しい単語**

☐ брат ☐ вчера́ ☐ газе́та ☐ журна́л ☐ му́зыка ☐ пого́да ☐ преподава́тель
☐ сестра́ ☐ упражне́ние ☐ хоро́ший ☐ япо́нский ☐ быть ☐ люби́ть[2] ☐ слу́шать[1]
☐ чита́ть[1] ☐ и

1 （　　）内の語を対格にし、訳しなさい。

1）Сестра́ чита́ет（журна́л）.

2）Серге́й хорошо́ зна́ет（Москва́）.

3）Я де́лаю（упражне́ние）.

4）Ни́на лю́бит（сестра́）.

5）Я хорошо́ зна́ю его́（брат）.

6）Вы лю́бите（мо́ре）?

7）Мы слу́шаем（му́зыка）.

2 （　　）内の語を過去形にし、訳しなさい。

1）Что вы（де́лать）вчера́?

2）Ма́ма и па́па（смотре́ть）япо́нский фильм.

3）Что ты（чита́ть）, Андре́й?

4）Преподава́тель не（знать）Ива́на.

5）Мы（быть）до́ма.

6）Ива́н（люби́ть）Ни́ну?

7）Кака́я пого́да（быть）вчера́?

8）Где（быть）твоя́ тетра́дь?

3 過去形に書きかえなさい。

例）Он говори́т по-ру́сски.　　　　　　　　→ Он говори́л по-ру́сски.

1）Мо́ре голубо́е.　　　　　　　　　　　→

2）Сестра́ мно́го чита́ет журна́лы.　　　　→

3）Я смотрю́ но́вый фильм.　　　　　　　→

4）Андре́й до́ма.　　　　　　　　　　　→

5）Студе́нты де́лают упражне́ние.　　　　→

6）Моя́ сестра́ не рабо́тает.　　　　　　　→

7）Ру́сская студе́нтка хорошо́ зна́ет То́кио.　→

4 例にならって会話しなさい。

1) 例にならって囲みの語を用いて会話しなさい。

例) - Вы лю́бите са́куру?　　　　　　サクラはお好きですか。

- Да, люблю́. / Нет, не люблю́.　　はい、好きです。/ いいえ、好きではないです。

> Москва́, То́кио, су́ши, ру́сский фильм, му́зыка

2) люби́ть＋不定形動詞で「～するのが好き」という意味になります。例にならって囲みの語を用いて会話しなさい。

例) - Вы лю́бите чита́ть?　　　　　　読書するのはお好きですか。

- Да, люблю́. / Нет, не люблю́.　　はい、好きです。/ いいえ、好きではないです。

> рабо́тать, смотре́ть фи́льмы, быть до́ма, говори́ть по-ру́сски

5 ロシア語にしなさい。

1) アンドレイ、昨日どこ行ってたの？－家にいたよ。

2) －昨日、家で何してた？－映画を見たり、本を読んだり。

3) －何の映画を見てたの？－日本映画だよ。

発音注意

☆япо́нский：アクセントのないяの発音
語頭ではゆるんだ「イェ」〔jɪ〕の発音になります。
япо́нский　〔jɪpónsk'ɪj〕　「日本の」
язы́к　　　〔jɪzík〕　　　「言語」
Япо́ния　　〔jɪpón'ɪjə〕　「日本」

32

Поговорим! 4

33

—Что ты лю́бишь? Кни́ги? Фи́льмы?

—Фи́льмы. А ты?

—А я люблю́ чита́ть кни́ги.

34 **1** 未来形

1) 未来形

英語のbe動詞にあたる**быть**を人称によって変化させます。

	単数		複数
я	**бу́ду**	мы	**бу́дем**
ты	**бу́дешь**	вы	**бу́дете**
он/она́/оно́	**бу́дет**	они́	**бу́дут**

За́втра бу́дет хоро́шая пого́да.　　「明日はいい天気でしょう。」
　　　副詞　　　　　　主語

Сего́дня☆ я там бу́ду.　　　　　　「今日そこに行きます。」

発音注意

☆сего́дня
[s'ıvódn'a]

2) 一般動詞の未来形（合成未来）

бытьの変化形＋動詞の不定形

	単数		複数
я	**бу́ду** чита́ть	мы	**бу́дем** чита́ть
ты	**бу́дешь** чита́ть	вы	**бу́дете** чита́ть
он/она́/оно́	**бу́дет** чита́ть	они́	**бу́дут** чита́ть

За́втра мы бу́дем смотре́ть фильм до́ма.

- Что ты бу́дешь де́лать?　- Я бу́ду изуча́ть ру́сский язы́к.

35 **2** 前置格（単数形）と前置詞

1) 前置格（単数）

前置詞とともにのみ現れる格です。「机の上に」、「公園で」のように主に「場所」を表します。

	主格	前置格	語尾
男性名詞	стол	стол**é**	-е
女性名詞	кни́га	кни́г**е**	-е
中性名詞	письмо́	письм**é**	-е

・多くの前置格が語尾-eとなります。（-ьでおわる女性名詞、-мяでおわる中性名詞が例外で語尾が-и になります。тетра́дь（主）- тетра́ди（前）、и́мя（主）- и́мени（前））

2) 前置詞вとна

в「〜のなかに」、на「〜の上に」

Но́вая кни́га в столе́★.

Часы́ на столе́.

発音注意

★子音の無声化と有声化②
前置詞と名詞が結びつき一続きに発音
される場合も起こる。（⇒5ページ）

в столе́, к бра́ту
[f]　　 [g]

3)「場所」を表す前置詞вとна

「図書館で」「郵便局で」のように単に「場所」を表すとき にもвとнаが用いられる。

Мой па́па рабо́тает в библиоте́ке.

Вчера́ я чита́л кни́гу в ко́мнате.

- Где ты бу́дешь за́втра?

- За́втра я бу́ду на конце́рте.

- Где вы живёте?

- Я живу́ в Москве́. А мои́ роди́тели живу́т на Сахали́не.

жить（住む、生きる）の変化

я	живу́	мы	живём
ты	живёшь	вы	живёте
он	живёт	они́	живу́т

過去形жил, жила́, жи́ло, жи́ли

アクセント移動

・наと結びつく名詞のほうが少ないので、これを覚え、残りはвと結びつくと覚えるのがよいでしょう。

★наをとる名詞
по́чта, рабо́та, уро́к, конце́рт, Сахали́нなど

🏷 **新しい単語**

☐библиоте́ка　☐ко́мната　☐конце́рт　☐письмо́　☐по́чта　☐рабо́та　☐роди́тели

☐стол　☐уро́к　☐язы́к　☐жить　☐изуча́ть[1]　☐за́втра　☐сего́дня　☐а　☐в　☐на

Упражнения

1 （　　）内の語を未来的に変化させ、訳しなさい。

1）За́втра мы то́же（быть）до́ма.

2）Где ты（быть）за́втра?

3）Я（быть）де́лать упражне́ние.

4）Что вы（быть）чита́ть?

5）Мои́ роди́тели не（быть）жить в То́кио★.

36 ★不変化の名詞

-o, -e, -иなどでおわる外来語は不変化です.　в Кио́то, на Хокка́йдо

　　　　　　　　　　　　　　　　　　　 cf. в О́саке

固有名詞だけでなく一般名詞も同様です.　ра́дио, кафе́, такси́, метро́

　　　　　　　　　　　　　　　　　　　 на ра́дио, в кафе́......

2 全文を未来形の文に書きかえなさい.

1）Мы чита́ем кни́гу.　　　　　　　　　　　→

2）Студе́нты не изуча́ют ру́сский язы́к.　→

3）Вы смо́трите фильм?　　　　　　　　　→

4）Сего́дня Андре́й до́ма.　　　　　　　　→

5）Что ты де́лаешь?　　　　　　　　　　　→

3 絵をみて、下線部に前置詞**в**か**на**を入れなさい.

1）Письмо́ _____ кни́ге.

2）Си́ний каранда́ш _____ словаре́.

3）Роди́тели _____ ко́мнате.

4）Часы́ _____ шко́ле.

1)
2)
3)
4)

4 下線部に前置詞**в**か**на**を入れ、（　　）内の語を適切な形にしなさい.

1）Её брат бу́дет рабо́тать _____ （по́чта）.

2）Мои́ роди́тели жи́ли _____ （Москва́）.

3）Они́ бы́ли _____ （конце́рт）.

4）Мой друг рабо́тал _____ （Петербу́рг）.

5）Ма́ша де́лает упражне́ние _____ （шко́ла）.

6）Моя́ сестра́ ча́сто чита́ла _____ （библиоте́ка）.

7）_____ （уро́к）он говори́т по-ру́сски.

5 下線部に、適切な語を囲みから選び、訳しなさい。

> бу́дешь, бу́дете, где, я, мы, в, на

1) - Где ты ＿＿＿＿＿ за́втра?

  - ＿＿＿＿＿ библиоте́ке.

2) - Что вы ＿＿＿＿＿ де́лать за́втра?

  - ＿＿＿＿＿ бу́ду рабо́тать.

3) ＿＿＿＿＿ бу́дем жить в Петербу́рге.

4) - Ви́ктор ＿＿＿＿＿ по́чте.

  - Что он там де́лает?

5) - ＿＿＿＿＿ вы бу́дете жить?

  - В О́саке.

6 ロシア語にしなさい。

1) 私の辞書はどこにあった？　－机の上にあったよ。

2) 明日、家にいる？　－いや、明日はコンサートに行きます。

3) 明日、マーシャは授業で日本の映画を見る予定です。

7 🔊🎧（　　）内の語を聞き取りなさい。また、文中の最後の質問に答えなさい。
Завтра（　　）хорошая погода. Саша будет（　　）книгу в библиотеке. Саша（　　）
читать в библиотеке. А Маша любит читать（　　）. А（　　）вы любите читать?

⚔ **Поговорим!** ➎ ⚔

—Что ты бу́дешь де́лать за́втра?

—Ничего́. Я бу́ду до́ма.

—Да? Пойдём в кино́!

—Пойдём!

23

Урок 6 шесть

---

1 移動の動詞（идти́, éхать, ходи́ть, éздить）

「行く」という表現をはじめ、ロシア語における移動や動きの表現は複雑です。「歩いて行く」か「乗り物で行く」かの違いのほか、片道なのか反復的な移動なのかによって動詞が異なります。こうした動詞を「移動（運動）の動詞」と呼びます。移動の動詞には**定動詞**と**不定動詞**があります。

---

39 ## 2 定動詞：идти́「歩いて行く」とéхать「乗り物で行く」

Ива́н **идёт** в парк.

Сейча́с я **иду́** на по́чту.

Мой брат **éдет** в библиоте́ку.

Я **éду** на рабо́ту.

- **Куда́** ты **идёшь**? - На по́чту.

Когда́ Ма́ша **шла** в шко́лу, шёл дождь.

行き先

в на ⎱ ＋対格

идти́（歩いて行く）の変化			
я	иду́	мы	идём
ты	идёшь	вы	идёте
он	идёт	они́	иду́т

過去形 шёл, шла, шло, шли

éхать（乗り物で行く）の変化			
я	éду	мы	éдем
ты	éдешь	вы	éдете
он	éдет	они	éдут

過去形は規則どおり

☑ ポイント！

・定動詞идти́, éхатьは現在形なら「向かっているところ」、過去形なら「向かっていたところ」といった進行中の移動、目的地へ向かって一方向的、片道の移動を表します。

・в, на＋対格で目的地を表しますが、в, наのいずれをとるかはв, на＋前置格のときと同様（⇒21ページ）です。

・疑問詞куда́「どこへ」はв, на＋対格の表現に対応し、既出のгде「どこで」はв, на＋前置格に対応します。куда́は移動の動詞と結びつきます。

- **Куда́** вы éдете? - Я éду на рабо́ту.

- **Где** вы бы́ли? - Я был на рабо́те.

24

3 不定動詞：ходи́ть「歩いて行く」とе́здить「乗り物で行く」

Ка́ждый★ день я **хожу́** в библиоте́ку.

Мои́ роди́тели ча́сто **е́здят** на мо́ре.

Мой дя́дя всегда́ **ходи́л** в парк,

        когда́ была́ хоро́шая пого́да.

- Куда́ вы е́здите ка́ждое ле́то?

- В Петербу́рг.

> アクセント移動あり

★ка́ждый「それぞれの」

男性	女性	中性	複数
ка́ждый	ка́ждая	ка́ждое	ка́ждые

ка́жд**ый** день   毎日
ка́жд**ое** у́тро   毎朝
ка́жд**ый** ве́чер   毎夕

ходи́ть（歩いて行く）の変化

я	хожу́	мы	хо́д**им**
ты	хо́д**ишь**	вы	хо́д**ите**
он	хо́д**ит**	они́	хо́д**ят**

過去形は規則どおり

е́здить（乗り物で行く）の変化

я	е́зжу	мы	е́зд**им**
ты	е́зд**ишь**	вы	е́зд**ите**
он	е́зд**ит**	они́	е́зд**ят**

過去形は規則どおり

✔ ポイント！

・不定動詞は繰り返される移動や、不定の（あちこちへの）移動を表します。
・不定動詞も行き先はв, на＋対格で表します。

4 「往復」を表す不定動詞

不定動詞の過去形では「行ってきた」という往復を表すこともあります。

- Куда́ ты ходи́л вчера́? - Вчера́ я ходи́л на конце́рт.

 「昨日どこ行ってきたの？」「昨日はコンサートに行ってきました。」

Ле́том я е́здил на Сахали́н.

この「行ってきた」はбытьを用いても表現できます（⇒17ページ）。

- Куда́ вы е́здили вчера́? - Я е́здил на рабо́ту.

 = Где вы бы́ли вчера́? - Я был на рабо́те.

> 前置格になることに注意！

✎ 新しい単語

- ☐ день   ☐ дождь   ☐ ле́то   ☐ парк   ☐ ка́ждый   ☐ е́здить   ☐ е́хать   ☐ идти́
- ☐ ходи́ть   ☐ когда́   ☐ куда́   ☐ всегда́   ☐ ле́том   ☐ сейча́с   ☐ ча́сто

1 絵を見て、動詞を選びなさい。

1) Я（иду́/е́ду）в Москву́.

2) Мы（идём/е́дем）на по́чту.

3) Он（идёт/е́дет）на мо́ре.

2 （　　）内の語を現在人称変化させなさい（指示がある場合は従うこと）。

1) Он（идти́）в шко́лу.

2) Я（е́хать）в библиоте́ку.

3) Ма́ша（идти́）на уро́к.　【過去形】

4) Мы（идти́）на по́чту.

5) Сестра́（е́хать）на конце́рт.【過去形】

6) Вы（е́хать）на мо́ре?

7) Ты сейча́с（идти́）в парк?

3 （　　）内の動詞を選び、適切な形にしなさい（指示がある場合は従うこと）。

1) Я всегда́（идти́/ходи́ть）в библиоте́ку.　【現在形】

2) Сейча́с мой брат（идти́/ходи́ть）на уро́к.

3) Вчера́ Андре́й（идти́/ходи́ть）на рабо́ту.

4) Куда́ ты сейча́с（идти́/ходи́ть）?

5) Вчера́ мы（идти́/ходи́ть）на конце́рт.

6) Мой друг ча́сто（е́хать/е́здить）на мо́ре.　【現在形】

7) Сейча́с но́вые студе́нты（е́хать/е́здить）в библиоте́ку.

8) Мы（е́хать/е́здить）в О́саку ка́ждое ле́то.　【過去形】

9) Куда́ вы ча́сто（е́хать/е́здить）?　【現在形】

10) Ле́том роди́тели（е́хать/е́здить）в Москву́.　【過去形】

4 （　　）内に適切な語を囲みから選びなさい。

┌─────────────────────────────┐
│ éзжу, иду́, хо́дим, éдет │
└─────────────────────────────┘

1）Сейча́с я（　　　）в шко́лу.
2）Мари́я（　　　）на рабо́ту.
3）Я ча́сто（　　　）в Москву́.
4）Мы（　　　）в библиоте́ку ка́ждый день.

5 例にならって、同じ意味になるように書きかえなさい。

例）- Куда́ ты ходи́л вчера́? - На по́чту.　　　　　→ - Где ты был вчера́? - На по́чте.
1）- Куда́ он éздил вчера́? - На рабо́ту.　　　　→
2）- Куда́ ва́ши роди́тели ходи́ли сего́дня? - На конце́рт. →
3）- Куда́ она́ éздила? - В библиоте́ку　　　　　　→

6 例のように、移動の動詞＋動詞の不定形で「～しに行く」の意味になります。（　　　）内に囲みから
　動詞を選び、訳しなさい。

例）Я éду рабо́тать в Москву́.　　私はモスクワに仕事に行きます。
1）Мы идём（　　　）но́вый фильм.
2）Они́ éдут（　　　）на Хокка́йдо.
3）Ты идёшь（　　　）кни́гу в библиоте́ку.

┌─────────────────────────────┐
│ чита́ть, смотре́ть, жить │
└─────────────────────────────┘

7))) （　　）内の語を聞き取りなさい。

42

Мы едем на（　　　）. Серге́й рабо́тает в（　　　）. Он（　　　）в шко́лу. А́нна（　　　）в
библиоте́ке.（　　　）едет в библиоте́ку. Моя́ сестра́ рабо́тает（　　　）по́чте. Она́ едет
на（　　　）. А（　　　）идёт Михаи́л? Он（　　　）в парк. Михаи́л（　　　）не рабо́тает.

┌──┐
│ ⟨⟨ Поговори́м! 6 ⟩⟩　　　　　　　　　　　43 │
│ │
│ —Кака́я сейча́с пого́да? │
│ —Дождь идёт. │
│ —Да?! Но Ми́ша сейча́с в па́рке! │
└──┘

27

44 **1** 生格（単数形）

主に「〜の」の所有を表します。

性	主格	生格	語尾
男性名詞	студéнт	студéнт**а**	-а（-я）
女性名詞	шкóла	шкóл**ы**	-ы（-и）
中性名詞	окнó	окн**á**	-а（-я）

> 男性名詞
> 活動名詞：生格＝対格
> 不活動名詞：主格＝対格

✓ ポイント！

・男性名詞の活動名詞において**生格はいつも対格と同じ形です**。брат（主）- брáт**а**（生格＝対格）

・女性名詞の生格はつづり字の規則に注意。кнúга（主）- кнúг**и**（生）

Э́то компью́тер мáм**ы**.

Здесь шкóла сестр**ы́**, а там шкóла брáт**а**.

45 **2** 所有の表現

1) 所有の表現 現在形 ：「持っている」という表現は、英語のI haveのような構文はとらず、「〜のところに…がある」という意味の **у+人（生格）＋есть＋持ちもの（主格）** という構文になります。

У Ивáна есть машúна. イワンは車を持っています。
　　生格　「〜がある」　主格

✓ ポイント！

・уは生格を要求する前置詞で、原義は「〜のところには」という意味です。

・**есть**は「…がある」という述語で**変化しません**。

У А́нны есть сестрá.

У меня́★ есть стáрый словáрь.

У тебя́★ есть врéмя?

> ★меня́はяの生格、тебя́はтыの生格です。代名詞の格変化は37ページでまとめて学びます。

2) 所有の表現 過去形 ：естьをбытьの過去形に置き換えて作ります。бытьは主語（主格）の性・数に一致させます。

У Ивáна былá машúна.
　　　　　　 主語＝主格

У меня́ **был** нóвый компью́тер.

У тебя́ **былá** лéкция?

3) 所有の表現 未来形：主語（主格）の数に応じてбытьを変化させます。

У Ива́на **бу́дет** маши́на.

У Ива́на **бу́дут** маши́ны.

3 否定生格

1) 否定生格 現在形：「持っていない」や「いない」という存在が否定される場合、ないものは生格で
表されます。нетは「〜がない」という述語で、「いいえ」の意味のнетとは別の語です。

У Ива́на **нет** маши́ны.
<u>生格</u>　　　<u>生格</u>

У А́нны **нет** бра́та.
<u>生格</u>　　　<u>生格</u>

У меня́ **нет** биле́та.
<u>生格</u>　　　<u>生格</u>

Михаи́ла **нет** до́ма.
<u>生格</u>

> "у〜" の構文でなくても、存在が
> 否定される場合は生格になります。

2) 否定生格 過去形：нетのかわりにне́ было「なかった、いなかった」を用います。

У Ива́на **не́ было** маши́ны.
　　　　　　　　　<u>生格</u>

Вчера́ А́нны **не́ было** до́ма.
　　　<u>生格</u>

У тебя́ **не́ было** биле́та?
　　　　　　　　<u>生格</u>

✔ ポイント！

否定生格になることで主格がなくなります。そのためбытьは一致させるものがなく、つねに中性形
のне́ былоになります。

3) 否定生格 未来形：つねにне бу́детで表されます。

У Анто́на **не бу́дет** маши́ны.

За́втра меня́ **не бу́дет** до́ма.

✔ ポイント！

未来形の場合も否定生格により主格がなくなり、бытьはつねに三人称単数形のне бу́детになりま
す。過去形のне́ былоとともに主格がないときに現れる中立的な形式と言えます。

✏ 新しい単語

☐биле́т　☐вре́мя　☐компью́тер　☐ле́кция　☐маши́на　☐ста́рый　☐есть

☐здесь　☐нет　☐меня́ > я　☐тебя́ > ты　☐у

1 （　　）の語を生格にし、訳しなさい。

1）Часы́（друг）ста́рые.

2）Дом（брат）но́вый.

3）Анто́н – брат（А́нна）.

4）Э́то де́ньги（па́па）.

5）Петро́в – фами́лия（Ива́н）.

6）Здесь маши́на（сестра́）, а там маши́на（брат）.

7）Роди́тели（студе́нтка）живу́т в Москве́.

2 （　　）の語を生格にし、訳しなさい。

1）У（я）есть ру́сская кни́га.

2）У（ты）есть япо́нские кни́ги?

3）У（ма́ма）есть ста́рые часы́.

4）У（друг）была́ ста́рая маши́на.

5）Сего́дня у（сестра́）есть ле́кция.

6）У（брат）есть компью́тер?

3 例にならって、過去形と未来形の文を作りなさい。

例）：У меня́ есть но́вый журна́л.　　→У меня́ был но́вый журна́л.

　　　　　　　　　　　　　　　　　→У меня́ бу́дет но́вый журна́л.

1）У студе́нта есть хоро́шие часы́.　→

2）У япо́нки есть ру́сский слова́рь.　→

3）У па́пы есть биле́т?　　　　　　→

4) У дру́га есть хоро́шая маши́на.   →

5) У тебя́ есть вре́мя?   →

6) У меня́ есть но́вый компью́тер.   →

4 例にならって、「〜がない、いない」という否定文を作りなさい。

例) У меня́ есть сестра́.   → У меня́ нет сестры́.

1) У Анто́на есть брат?   →

2) У А́нны была́ маши́на.   →

3) Вчера́ у студе́нта была́ ле́кция.   →

4) За́втра у сестры́ бу́дет рабо́та.   →

5) Михаи́л бу́дет до́ма.   →

6) Студе́нт был в библиоте́ке.   →

7) У меня́ есть словарь и компьютер   →

5 ロシア語にしなさい。

1) 私は時間があるときに、いつも日本映画を見ています。

2) 私は毎日講義があり、毎朝、図書館で練習問題をやっています。

3) ミハイルは水色のノートを持っていて、アンナは青いノートを持っています。

4) －アンドレイ、きみはパソコン持っている？　－持っているけど◇、それは古いよ。

◇но「けれども、しかし」

Поговорим! ❼

—Приве́т! Как дела́?

—Хорошо́! А как у тебя́?

—То́же хорошо́. У тебя́ сейча́с есть вре́мя?

—Да.

—Пойдём в кафе́!

Кафе

Урок

8
вóсемь

1 与格（単数形）

1) 与格：間接目的語「〜に」を表します。

性	主格	与格	語尾
男性名詞	студéнт	студéнту	-у（-ю）
女性名詞	студéнтка	студéнтке	-е
中性名詞	письмó	письмý	-у（-ю）

✔ **ポイント！**

・女性名詞の与格はいつも前置格と同じ形です。

Комý★ ты пи́шешь письмó?

Я пишý письмó брáту.

Комý он читáет кни́гу?

Он читáет кни́гу сестрé.

Роди́тели чáсто звоня́т Михáйлу.

アクセント移動

писáть（書く）の変化

я пишý	мы пи́шем
ты пи́шешь	вы пи́шете
он пи́шет	они́ пи́шут

過去形は規則どおり。писáл, писáла...

★комýはктоの与格（⇒37ページ）

2) 与格とともに用いる前置詞 к（〜のほうへ），по（〜に沿って）

Мы éдем **к** бáбушке.

Я éздил **к** дрýгу в Москвý.

Я идý **по** ýлице и слýшаю мýзыку.

Я чáсто смотрю́ фи́льмы **по** телеви́зору.

2 形容詞短語尾形

形容詞には長語尾形（⇒5ページ）のほかに短語尾形がある。

長語尾 ＼ 短語尾	男性形	女性形	中性形	複数形
краси́вый	краси́в	краси́ва	краси́во	краси́вы
хорóший	хорóш	хорошá	хорошó	хоро́ши́
свобóдный	свобóден	свобóдна	свобóдно	свобóдны
зáнятый	зáнят	занятá	зáнято	зáняты

出没母音（語形変化により、
母音が出たり消えたりすること）

アクセント移動

・短語尾形は述語として用いられる。長語尾形における修飾用法は短語尾形にはない。

Э́то краси́вый парк. （長語尾形：修飾用法）

男性形	女性形	中性形	複数形
э́тот	э́та	э́то	э́ти

Э́тот парк краси́вый. （長語尾形：述語用法）
　主語　　　　述語

Э́тот парк краси́в ле́том. （短語尾形：述語用法のみ）
　主語　　　述語

・長語尾形は恒常的な性質を表し、短語尾形は一時的な状態を表すことが多い。

Э́то ме́сто за́нято. А э́то ме́сто свобо́дно.

Как хороша́ сего́дня пого́да!

Вчера́ профе́ссор был свобо́ден.

・短語尾中性形は副詞としても用いられる。

Он хорошо́ говори́т по-ру́сски.

Студе́нты краси́во пи́шут по-япо́нски.

③ 無人称文　　　　　　　　　　　　　　　　　　　　　　　　　50

形容詞短語尾形の中性形などを主語なしで用いる文のことをいいます。天候や人の気持ちなどを表すとき、英語では形式主語itを立てますが、ロシア語では主語なしで表現します。

Сего́дня о́чень хо́лодно. （хо́лодно > холо́дный）

Вчера́ бы́ло хо́лодно.

За́втра бу́дет хо́лодно.

　　　　　　　　　　　　　　　　　過去はбыло、未来は
　　　　　　　　　　　　　　　　　бу́детになります。

Сейча́с в Москве́ тепло́. （тепло́ > тёплый）

До́ма хорошо́.

・「〜にとって」という意味上の主語を表す場合は与格になります。

Мне★ интере́сно изуча́ть ру́сский язы́к.

Ба́бушке и де́душке хорошо́ в па́рке.

　　　　　　　　　　　　　　　＋動詞の不定形で「〜するのが…である」
　　　　　　　　　　　　　　　の意。英語のit ... to構文に匹敵。

*мнеはяの与格 （⇒37ページ）

新しい単語

☐мне > я　☐ба́бушка　☐де́душка　☐профе́ссор　☐телеви́зор　☐у́лица

☐за́нятый　☐интере́сный　☐краси́вый　☐свобо́дный　☐тёплый　☐холо́дный

☐э́тот　☐звони́ть[2]　☐писа́ть　☐кому́ > кто　☐о́чень　☐к　☐по

1 例にならって、質問に答えなさい。

例) Кому́ вы пи́шете письмо́?   → （ма́ма）Я пишу́ письмо́ ма́ме.

1) Кому́ она́ пи́шет письмо́?   → （студе́нт）

2) Кому́ ты пи́шешь письмо́?   → （студе́нтка）

3) Кому́ он чита́ет кни́гу?   → （брат）

4) Кому́ ты говори́шь э́то?   → （де́душка）

5) Кому́ вы звони́те?   → （профе́ссор）

2 э́тотを適切な形にしなさい。

1) （Э́тот）у́лица но́вая.

2) （Э́тот）сло́во ру́сское.

3) （Э́тот）студе́нты сейча́с не до́ма.

4) （Э́тот）япо́нец – мой друг.

3 （   ）内の語を与格にし、全文を訳しなさい。

1) Сейча́с они́ е́дут к （Михаи́л）.

2) Ба́бушка и де́душка лю́бят ходи́ть по （парк）.

3) Вы идёте по （у́лица）?

4) Голуба́я маши́на е́дет к （дом）.

5) （Студе́нтка）интере́сно изуча́ть япо́нский язы́к.

6) （Я）хорошо́ до́ма.

7) Э́то письмо́ （дя́дя）.

4 例にならって長語尾形を短語尾形にしなさい。

例) Э́то хоро́ший парк.   → Парк хоро́ш.

1) Э́то интере́сная кни́га.   → Кни́га ...

2) Сего́дня хоро́шая пого́да.   → Пого́да сего́дня ...

3) Вот ста́рый дом. → Дом ...

4) На Хокка́йдо краси́вое мо́ре. → Мо́ре на Хокка́йдо ...

5 反対の意味の文を作りなさい。反意語を知らなければ、例にならって語に**не**を付けて逆の意味を作りなさい。

例）Мне хорошо́. → Мне нехорошо́.

1) Э́то ме́сто свобо́дно. →

2) В То́кио хо́лодно. →

3) Э́тот ста́рый дом краси́в. →

4) Студе́нту интере́сно смотре́ть ру́сский фильм. →

6 例にならって、過去形と未来形の文を作りなさい。

例）Мне хорошо́. → Мне бы́ло хорошо́. / Мне бу́дет хорошо́.

1) В То́кио тепло́. → /

2) Ма́ше о́чень хо́лодно. → /

3) В па́рке краси́во. → /

4) Сестре́ хорошо́ жить на Хокка́йдо. → /

7 ( ) 内の語を聞き取りなさい。

51

Ле́то. Мы до́ма. Па́па чита́ет ( ). Ма́ма то́же чита́ет. Она́ чита́ет ( ) журна́л. Ба́бушка ( ) письмо́. Я чита́ю кни́гу ( ). Э́та кни́га интере́сная. А мой брат не ( ) и не пи́шет. Он смо́трит ста́рый фильм ( ) телеви́зору. Фильм о́чень ( )!

Поговори́м! 8

52

—Извини́те, э́то ме́сто свобо́дно?

—Да, свобо́дно! Сади́тесь, пожа́луйста.

—Спаси́бо!

Урок
9
(де́вять)

1 造格（単数形）

1) 造格：造格の用法は多岐にわたりますが、基本的な用法は道具や手段（「～で」）を表す用法です。

性	主格	造格	語尾
男性名詞	каранда́ш	карандашо́м	-ом（-ем）
女性名詞	ру́чка	ру́чкой	-ой（-ей）
中性名詞	сло́во	сло́вом	-ом（-ем）

есть（食べる）の変化

я	ем	мы	еди́м
ты	ешь	вы	еди́те
он	ест	они	едя́т

過去形：ел, е́ла, е́ло, е́ли

Я пишу́ письмо́ карандашо́м.

Ма́льчик ест ло́жкой.

アクセント移動

2) с＋造格：前置詞 с は造格と結びついて「～と一緒に、～入りの」を表します。

Мы живём **с** ба́бушк**ой**.

Де́душка говори́т **с** ма́льчик**ом**.

Я люблю́ чай **с** молок**о́м**.

Брат ча́сто ест пирожки́ **с** мя́с**ом**.

3) 述語の造格：бытьなどを用いて「AはBである」を表すとき、Bの部分がふつう造格になります。英文法でいうSVCのCがロシア語では造格で表されることになります。

Де́душка был врачо́м.

Он бу́дет профе́ссор**ом**.

Я хочу́ быть врачо́м.

хоте́ть（したい、ほしい）の変化

アクセント移動
したり戻ったり

я	хочу́	мы	хоти́м
ты	хо́чешь	вы	хоти́те
он	хо́чет	они	хотя́т

過去形は規則どおり：хоте́л, хоте́ла...

✔ **ポイント！**

現在時制においてはбытьが省略されるため造格でなく主格で表されます。

Он студе́нт.

Серге́й врач.

2 **ся**動詞

1) **ся**動詞：**ся**という接辞がついた動詞を**ся**動詞といいます。**ся**は自動詞を作ったり、受け身や再帰、相互などの意味を表しますが、ここでは一つずつ覚えましょう。

занимáться（取り組む）の変化

я	занимáю**сь**	мы	занимáемся
ты	занимáешься	вы	занимáете**сь**
он	занимáется	они́	занимáются

過去形

занимáлся, занимáла**сь**, занимáло**сь**, занимáли**сь**

-ться, -тсяは「ッツァ」と発音

母音字で終わるときは**ся**が**сь**になる

2) **ся**動詞と格：**ся**動詞はいろいろな格をとるので注意。

Я занимáюсь математи́к**ой** в библиотéке.　　занимáться＋造格

Мы с жен**óй*** занимáемся спóрт**ом** кáждый день.

Мне не нрáвится э́тот фильм.　　与格＋нрáвиться＋主格
与格　　　　　　主格

Пáпе нрáвилась нáша стáрая маши́на.
与格　　　　　　　　　主格

*мы с женóй＝я и женá
*мы с ней＝я и онá

3 人称代名詞・疑問詞の格変化　　55

主	я	ты	он/онó	онá	мы	вы	они́	кто	что
生	меня́	тебя́	егó	её	нас	вас	их	когó	чегó
与	мне	тебé	емý	ей	нам	вам	им	комý	чемý
対	меня́	тебя́	егó	её	нас	вас	их	когó	что
造	мной	тобóй	им	ей	нáми	вáми	и́ми	кем	чем
前	мне	тебé	нём	ней	нас	вас	них	ком	чём

У меня́ есть брат.　　　　　　С кем вы рабóтаете?

Я сейчáс пишý тебé письмó.　　Вот твоя́ кóмната. Сейчáс в ней хóлодно.

Он вас хорошó знáет.

✔ ポイント！

三人称の代名詞（主格以外）は前置詞と結びつくと**н**が入ります。

У **н**егó есть нóвая маши́на.

Ни́на éдет к **н**им в Москвý.

Кáждое ýтро мы с **н**ей* гуля́ем в пáрке.

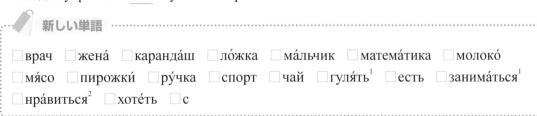

🏷 新しい単語

☐врач　☐женá　☐карандáш　☐лóжка　☐мáльчик　☐матемáтика　☐молокó

☐мя́со　☐пирожки́　☐рýчка　☐спорт　☐чай　☐гуля́ть[1]　☐есть　☐занимáться[1]

☐нрáвиться[2]　☐хотéть　☐с

1 （　　）内の語を造格にし、訳しなさい。

1）Я пишу́ （ру́чка）.

2）Мари́я пи́шет （каранда́ш）.

3）Ма́льчик ест （ло́жка）.

4）Андре́й смотре́л фильм с （друг）.

5）Мы живём с （ба́бушка и де́душка） в Москве́.

6）Мой дя́дя не лю́бит пирожки́ с （мя́со）.

7）Ты бу́дешь★ чай с （молоко́）?

★бу́дешь＞быть「（お茶に）にする」

8）Я хочу́ быть （врач）.

9）Серге́й бу́дет （профе́ссор）.

2 （　　）内の動詞を人称変化させ、訳しなさい。

1）Как ты мно́го （занима́ться）!　　【現在形】

2）Мне （нра́виться） э́та ле́кция.　　【現在形】

3）Мы （хоте́ть） рабо́тать в То́кио.　　【現在形】

4）Япо́нцы★ （есть） пирожки́?　　【現在形】

★япо́нцы＞япо́нец の複数形。
出没母音 （⇒32ページ）。

5）Где она́ （занима́ться） вчера́?　　【過去形】

6）Ему́ о́чень （нра́виться） А́нна.　　【過去形】

3 （　　　）内の代名詞を適切な形にし、訳しなさい。

1）У（мы）есть хоро́шие кни́ги.

2）Я бу́ду писа́ть（он）пи́сьма ле́том.

3）Он хо́чет жить с（она́）.

4）Мы（они́）хорошо́ зна́ем.

5）（Я）о́чень хо́лодно.

6）Мари́я рабо́тает с（мы）.

7）（Ты）нра́вятся пирожки́?

8）Я люблю́ э́тот фильм и ча́сто（он）смотрю́.

9）- （Что）ты ешь? - Ло́жкой.

10）У（кто）есть компью́тер?

4 ロシア語にしなさい。

1）私は兄と毎朝、図書館で数学の勉強をしています。

2）何入りのピロシキが好きですか。

3）きみは何になりたいの？

> ヒント！「誰になりたい」というようにктоを使って表現。

4）－あなたはよくスポーツをしますか。　－いいえ。わたしは家で読書するのが好きです。

5）彼女は彼らのことをよく知っています。なぜなら◇彼女は彼らとよくコンサートに行っているからです。

◇потому́ что「なぜなら」

⟪ Поговори́м! ❾ ⟫

—Ты бу́дешь чай и́ли ко́фе?
—Чай, пожа́луйста.
—Како́й ты лю́бишь чай? Чёрный и́ли зелёный?
—Я люблю́ чёрный чай с молоко́м.
—Вот твой чай, пожа́луйста.
—Спаси́бо!

57 ◆**1** アスペクト（体）

1) アスペクト（体）とは：すべての動詞は不完了体か完了体かのいずれかに分けられ、多くの動詞が不完了体と完了体のペアをなしています。たとえば不完了体читáтьに対して完了体прочитáтьがあります。完了体は「読みおえる」のように動作が完了し、何らかの結果が生じていることを積極的に表しますが、不完了体は動作が完了したかどうかは言及していません。

不完了体	完了体
Я **читáла** журнáл.	Я **прочитáла** журнáл.
Мáша **дéлала** упражнéние.	Мáша **сдéлала** упражнéние.
Мой брат **писáл** ромáн.	Мой брат **написáл** ромáн.

2) 不完了体と完了体の対応

	不完了体	完了体	意味
接頭辞がつく	читáть	прочитáть	読む
	дéлать	сдéлать	する
	писáть	написáть	書く
	звони́ть	позвони́ть	電話する
語中が変わる	покупáть	купи́ть★	買う
	отдыхáть	отдохну́ть★	休憩する
まったく違う形	говори́ть	сказáть★	言う、話す

3) アスペクトの基本的な使い分け

不完了体	完了体
①完了の有無でなく、動作そのものに焦点	①動作の完了
- Что ты **дéлал** вчерá?	Он ужé **сдéлал** э́то упражнéние.
- Я **отдыхáл** дóма и **смотрéл** фильм.	Мы хорошó **отдохну́ли** дóма.
②長い動作のプロセス	②具体的な一回、瞬時の動作
Вчерá он дóлго **говори́л** с ней.	Он **сказáл**: «Как хóлодно!»
Мой брат **писáл** ромáн всё лéто★.	Сестрá бы́стро **написáла** письмó.
	Я **позвони́л** ей, но её нé было дóма.
	Вчерá я **купи́л** ромáн Достоéвского в магази́не.
③反復的、習慣的動作	
Он **звони́л** женé кáждый день.	
Я чáсто **покупáл** здесь пирожки́.	

4) アスペクトと時制：不完了体には現在、過去、未来の3時制がありますが、完了体には未来と過去の2つの時制だけです。

	читáть不完了体	прочитáть完了体
現在	читáю　　читáем читáешь　читáете читáет　　читáют	
過去	читáл читáла читáло читáли	прочитáл прочитáла прочитáло прочитáли
未来	бýду читáть　бýдем читáть бýдешь читáть　бýдете читáть бýдет читáть　бýдут читáть	прочитáю　　прочитáем прочитáешь　прочитáете прочитáет　　прочитáют

完了体動詞に**быть**を用いた未来形はありません。
~~Я бýду прочитáть кнúгу~~

不完了体

Сейчáс я **читáю** этот ромáн.

Вчерá я **читáл** этот ромáн весь день.

Зáвтра я **бýду читáть** этот ромáн.

完了体

Вчерá я **прочитáл** этот ромáн.

Зáвтра я **прочитáю** этот ромáн.

★весь 「〜じゅう、〜全体」

男性	女性	中性	複数
весь	вся	всё	все

весь день　　一日じゅう
всё лéто　　　夏じゅう
весь ромáн　　小説全部

★сказáть （話す）の変化

скажý	скáжем
скáжешь	скáжете
скáжет	скáжут

過去形は規則どおり

★отдохнýть （休憩する）の変化

отдохнý	отдохнём
отдохнёшь	отдохнёте
отдохнёт	отдохнýт

過去形は規則どおり

★купúть （買う）の変化

куплю́	кýпим
кýпишь	кýпите
кýпит	кýпят

過去形は規則どおり

新しい単語

☐магазúн　☐ромáн　☐весь　☐написáть（完）　☐отдыхáть[1]（不）/ отдохнýть（完）

☐позвонúть[2]（完）　☐покупáть[1]（不）/ купúть[2]（完）　☐прочитáть[1]（完）

☐сдéлать[1]（完）　☐сказáть（完）　☐быстро　☐дóлго

1 適切な動詞を選び、訳しなさい。

1) Всё ле́то роди́тели (отдыха́ли/отдохну́ли) на мо́ре.

2) Она́ (чита́ла/прочита́ла) весь рома́н.

3) Ма́льчик (говори́т/ска́жет) нам о ма́ме ка́ждый день.

4) Я (покупа́л/купи́л) но́вый компью́тер. Вот он.

5) На у́лице сестра́ (говори́ла/сказа́ла): «Как тепло́!»

6) Я (де́лал/сде́лал) упражне́ние весь ве́чер, но не (де́лал/сде́лал).

7) Ка́тя обы́чно (покупа́ет/ку́пит) кни́ги в университе́те, но сего́дня
   (покупа́ла/купи́ла) в магази́не.

8) - Что ты (де́лал/сде́лал) вчера́?
   - Я до́лго (писа́л/написа́л) письмо́ дру́гу.

9) Мой брат ча́сто (звони́т/позвони́т) мне.

2 アスペクトに注意して未来時制の意味になるように書きかえなさい。

1) Я рабо́таю в библиоте́ке.　　　　→

2) Мари́я бы́стро написа́ла письмо́.　→

3) Ба́бушка отдыха́ет до́ма.　　　　→

4) Ма́ша сде́лала но́вые упражне́ния.　→

5) Дя́дя сказа́л мне о конце́рте.　　　→

3 テクストを読みながら、（　　）内の語を選びなさい。

Вот библиоте́ка. Здесь занима́ются студе́нты. Мари́я (чита́ет/прочита́ет) ме́дленно◇,
потому́ что◇ она́ чита́ет по-япо́нски. Андре́й уже́ (чита́л/прочита́л) кни́гу и сейча́с
(отдыха́ет/отдохнёт). Мити́ко – но́вая студе́нтка. Она́ (смо́трит/посмо́трит) ру́сские
журна́лы. Мити́ко лю́бит Росси́ю. Она́ хо́чет хорошо́ (говори́ть/сказа́ть) по-ру́сски. Я
до́лго (писа́л/написа́л) текст◇. Сейча́с мы с Ива́ном идём в кафе́◇ в библиоте́ке◇. Там

мы будем есть пирожки. В кафе Анна. Она (говорит/скажет) с Ниной и ест шоколад◇.
Библиотека – хорошее место!

ме́дленно◇「ゆっくりと」、потому́ что◇「なぜならば」、текст◇「テキスト」、кафе́◇「カフェ」、шокола́д◇「チョコレート」

4 ロシア語にしなさい。

1) 明日は（私は）忙しい。今日、全テキスト◇を読んでしまおう。

2) 昨日は一晩中、音楽を聞き、練習問題をやっていました。

3) 手があいた（自由になった）とき、あなたに電話します。

4) 彼女はピロシキを買って、祖母と一緒に食べていた。

5) －休憩中かい？　－うん。今日はたくさん図書館で勉強したんだ。

◇текст「テキスト」

5 （　）内の語を聞き取りなさい。

58

- Привет! Как дела?
- Хорошо!
- Что ты сейчас（　　　　　）?
- Я（　　　　）новый журнал. А ты?
- А я（　　　　）упражнения по-японски. Я писал их всё утро, но ещё не（　　　）.
- Японский язык трудный◇!
- Да! Ты（　　　　）вчера японский фильм по телевизору?
- Нет! Я была занята. Я（　　　　）в кафе.
- Понятно◇!

тру́дный◇「難しい」、поня́тно◇「了解」

```
< Поговорим! ❿ >
```

59

—Почему́ ты не позвони́л мне вчера́?
—Извини́, я был о́чень за́нят! Я рабо́тал весь день.
　Но я написа́л тебе́ име́йл.
—Да? Сейча́с посмотрю́.

1 形容詞の格変化

形容詞も修飾する名詞とともに格変化します。

硬変化A

	男性	中性	女性
主	но́в**ый**	но́в**ое**	но́в**ая**
生	но́в**ого**	но́в**ого**	но́в**ой**
与	но́в**ому**	но́в**ому**	но́в**ой**
対	но́в**ый** （不活動名詞） но́в**ого** （活動名詞）	но́в**ое**	но́в**ую**
造	но́в**ым**	но́в**ым**	но́в**ой**
前	но́в**ом**	но́в**ом**	но́в**ой**

硬変化B

	男性	中性	女性
主	молод**о́й**	молод**о́е**	молод**а́я**
生	молод**о́го**	молод**о́го**	молод**о́й**
与	молод**о́му**	молод**о́му**	молод**о́й**
対	молод**о́й** （不活動名詞） молод**о́го** （活動名詞）	молод**о́е**	молод**у́ю**
造	молод**ы́м**	молод**ы́м**	молод**о́й**
前	молод**о́м**	молод**о́м**	молод**о́й**

軟変化

	男性	中性	女性
主	после́дн**ий**	после́дн**ее**	после́дн**яя**
生	после́дн**его**	после́дн**его**	после́дн**ей**
与	после́дн**ему**	после́дн**ему**	после́дн**ей**
対	после́дн**ий**（不活動名詞） после́дн**его**（活動名詞）	после́дн**ее**	после́дн**юю**
造	после́дн**им**	после́дн**им**	после́дн**ей**
前	после́дн**ем**	после́дн**ем**	после́дн**ей**

混合型

	男性	中性	女性
主	ру́сск**ий**	ру́сск**ое**	ру́сск**ая**
生	ру́сск**ого**	ру́сск**ого**	ру́сск**ой**
与	ру́сск**ому**	ру́сск**ому**	ру́сск**ой**
対	ру́сск**ий**/ ру́сск**ого**	ру́сск**ое**	ру́сск**ую**
造	ру́сск**им**	ру́сск**им**	ру́сск**ой**
前	ру́сск**ом**	ру́сск**ом**	ру́сск**ой**

	男性	中性	女性
主	хоро́ш**ий**	хоро́ш**ее**	хоро́ш**ая**
生	хоро́ш**его**	хоро́ш**его**	хоро́ш**ей**
与	хоро́ш**ему**	хоро́ш**ему**	хоро́ш**ей**
対	хоро́ш**ий**/ хоро́ш**его**	хоро́ш**ее**	хоро́ш**ую**
造	хоро́ш**им**	хоро́ш**им**	хоро́ш**ей**
前	хоро́ш**ем**	хоро́ш**ем**	хоро́ш**ей**

・男性対格では活動名詞と結びつく場合、形容詞も対格＝生格となり、不活動名詞と結びつく場合、形容詞も対格＝主格となります。

・形容詞の形をした名詞（рýсский：ロシア人）の格変化は形容詞と同じ格変化をします。

Я чáсто звоню́ **стáрому дрýгу**.	与格（男性）
Нóвой студéнтке нрáвится э́та библиотéка.	与格（女性）
Мáма читáет **послéдний журнáл**.	対格（男性・不活動名詞）
Вы ви́дели **рýсского студéнта** в университéте?	対格（男性・活動名詞）
Он дал★ дéдушке **нóвую газéту**.	対格（女性）
Ýтром мы дéлали **нóвое упражнéние**.	対格（中性）
Он пи́шет **си́ним карандашóм**.	造格（男性）
Мы с ним говори́ли о **япóнской мýзыке**.	前置格（女性）

★дать（与える）の変化

дам	дади́м
дашь	дади́те
даст	дадýт

дал, далá, дáло, дáли

アクセント移動

2 関係代名詞

61

関係代名詞のкотóрыйは性・数・格の変化があり、先行詞と性・数を一致させます。格はкотóрый節のなかでの働きによって決まります。

котóрыйは нóвыйと同じ変化形

Вéчером я звони́л дрýгу. Он рабóтает в библиотéке.
→Вéчером я звони́л дрýгу, **котóрый** рабóтает в библиотéке.

Мы говори́ли о студéнтке. Я ви́дела её в университéте.
→Мы говори́ли о студéнтке, **котóрую** я ви́дела в университéте.

котóрыйの前にコンマを必ず打ちます。

Я прочитáл кни́гу. Мари́я о ней говори́ла.
→Я прочитáл кни́гу, **о котóрой** говори́ла Мари́я.

Япóнка сказáла слóво, **котóрое** я не знал.
Мне нрáвится рýсская едá, **котóрую** приготóвила Óльга.
Биле́т, **котóрый** купи́л студéнт, был послéдний.
Профéссор дал нам ромáн, **о котóром** говори́л на лéкции★.

★-ия, -ие でおわる名詞の前置格は-ии
Росси́я → в Росси́и
Япóния → в Япóнии
лéкция → на лéкции

📎 新しい単語

☐едá ☐университéт ☐молодóй ☐послéдний ☐ви́деть[2] ☐дать
☐готóвить[2](不) / приготóвить[2](完) ☐котóрый ☐вéчером ☐ýтром ☐о

1 囲みから適切な語を選んで、入れなさい。

1) Мы с женóй живём в (　　　　) квартúре, а мои родúтели живýт в (　　　　) дóме.

2) Вчерá мой дя́дя купúл (　　　　) словáрь.

3) (　　　　) преподавáтелю нрáвится рабóтать в университéте.

4) Здесь живýт (　　　　) студéнты. Онú изучáют (　　　　) язы́к.

5) Он сказáл мне, когдá бýдет (　　　　) пóезд.

6) Родúтели дáли мáльчику (　　　　) úмя.

последний, рýсские, стáром, рýсское, япóнский, хорóший, нóвой, молодóму

2 (　　) 内の語を適切な形にしなさい。

1) Мой брат живёт в (нóвый) дóме.

2) Óльга всегдá покупáет (хорóший) чай.

3) Студéнт пúшет (сúний) рýчкой.

4) Дéдушка чáсто звонúт (молодóй) врачý.

5) Япóнцы говорúли о (рýсский) машúне.

6) Пирожкú – э́то не (япóнский), а рýсская едá.

7) Мáльчик написáл письмó мáме (голубóй) карандашóм.

8) (Рýсский) студéнту нрáвится япóнская мýзыка.

9) Сейчáс моя́ сестрá отдыхáет в (красúвый) мéсте на мóре.

10) (Япóнский) студéнтке нрáвится рýсская едá.

11) Я дал слóво (стáрый) дéдушке.

3 文中の**нóвый журнáл**を**нóвая кнúга**に入れかえなさい。

例) Вот нóвый журнáл. → Вот нóвая кнúга.

1) У меня́ нет нóвого журнáла.　　→

2) Я читáю нóвый журнáл.　　→

3) Мы говорúм о нóвом журнáле.　　→

4 関係代名詞**котóрый**を用いて一つの文にしなさい。

1) Вчерá вéчером Сергéй писáл письмó сестрé. Онá живёт в Тóкио.

2) Я чáсто смотрю́ фúльмы. Онú идýт по телевúзору.

3) А́нна звони́т дру́гу. Вчера́ она́ занима́лась с ним ру́сским языко́м в библиоте́ке.（下線部を先行詞として）

4) У́тром дя́дя пригото́вил еду́. Мы бу́дем есть её сего́дня.

5) Я люблю́ э́тот ста́рый парк. Мы с сестро́й е́здим в него́ ка́ждый день.

6) Ма́льчику нра́вится интере́сная кни́га. Её да́ли ему́ роди́тели.（下線部を先行詞として）

5 （　　　）内に**кото́рый**を適切な形にして書きなさい。

1) В библиоте́ке я ви́дел кни́гу, о（　　　　）вчера́ говори́ла Ни́на.

2) Преподава́тель сказа́л о студе́нте, （　　　　）не́ было на ле́кции.

3) Я зна́ю студе́нтку, у（　　　　）есть ста́рый слова́рь.

4) Но́вый телеви́зор, （　　　　）купи́л дя́дя, не рабо́тает.

5) Преподава́тель зна́ет студе́нтку, （　　　　）была́ в библиоте́ке.

6) Вы не зна́ете япо́нского студе́нта, （　　　　）изуча́ет ру́сский язы́к?

6 ロシア語にしなさい。

1) あなたがたはロシア文学◇を読むのはおもしろいですか。

2) 先生がいま言った単語を私は知りません。

3) アントンが好きな女子学生を大学でよくみかけます。

4) 今朝私は、図書館にない本を買いました。

5) ロシア語を自由に話せる学生をご存知ですか。

◇литерату́ра「文学」

Поговори́м! ⑪

—Где биле́ты, кото́рые я купи́л вчера́ ве́чером?
—Каки́е биле́ты?
—Биле́ты в О́саку!
—Сейча́с… А вот они́, на столе́!

62

63 | **1** | 接頭辞つき移動の動詞

1） 接頭辞：移動の動詞（6課）にはさまざまな接頭辞がつき、新たな語が作られます。

例）вы＋идти́＝вы́йти「（歩いて）出る」

в＋идти́＝войти́「（歩いて）入る」

за＋е́хать＝зае́хать「（乗り物で）立ち寄る」

при＋ходи́ть＝приходи́ть「（歩いて）到着する」

接頭辞	接頭辞の意味
в-（во-）	入ること
вы-	出ること
при-	到着すること
у-	去ること
за-	立ち寄ること
до-	到達すること

2） 定動詞・不定動詞とアスペクト：

接頭辞のない移動の動詞はすべて不完了体でしたが、接頭辞がつくと定動詞は完了体に、不定動詞は不完了体となり、新たなペアを作ります。定動詞・不定動詞の意味の区別はなくなります。

接頭辞	完了体	不完了体	意味
в-（во-）	войти́	входи́ть	（歩いて）入る
	въе́хать	въезжа́ть	（乗り物で）入る
вы-	вы́йти	выходи́ть	（歩いて）出る
	вы́ехать	выезжа́ть	（乗り物で）出る
при-	прийти́	приходи́ть	（歩いて）着く
	прие́хать	приезжа́ть	（乗り物で）着く
у-	уйти́	уходи́ть	（歩いて）去る
	уе́хать	уезжа́ть	（乗り物で）去る
за-	зайти́	заходи́ть	（歩いて）寄る
	зае́хать	заезжа́ть	（乗り物で）寄る
до-	дойти́	доходи́ть	（歩いて）〜まで行き着く
	дое́хать	доезжа́ть	（乗り物で）〜まで行き着く

接頭辞がつくと形が変わることがあります。
идти́→йти
е́хать→езжа́ть

ъが入る。

完了体では接頭辞вы́-にアクセント。

✔ ポイント！

идти́は接頭辞がつくと-йтиになります。現在変化は-йду, -йдёшь, -йдёт...となり、過去形は-шёл, -шла...となりますが、вы́йтиとприйти́は以下の変化になります。

вы́йти（歩いて出る）の変化

вы́йду	вы́йдем
вы́йдешь	вы́йдете
вы́йдет	вы́йдут

過去：вы́шел, вы́шла, вы́шло, вы́шли

прийти́（歩いて着く）の変化

приду́	придём
придёшь	придёте
придёт	приду́т

過去：пришёл, пришла́, пришло́, пришли́

Когда́ он **придёт**?

Ба́бушка и де́душка **приезжа́ют** к нам ка́ждое ле́то.

Ма́льчик **вошёл** в дом, в кото́ром живёт его́ друг.

Студе́нтка ра́но **прие́хала** в университе́т.

Пе́тя **зашёл** к ба́бушке и дал ей кни́гу.

3) 接頭辞と前置詞

Мой дя́дя вошёл **в** ко́мнату.

О́льга вы́ехала **из** до́ма по́здно.

Он вы́шел **на** у́лицу.

За́втра у́тром дя́дя уе́дет **из** Москвы́.

За́втра у́тром брат уе́дет **в** Москву́.

Ма́ма зашла́ **в** магази́н купи́ть★ молоко́.

Ве́чером студе́нты зае́хали **к** ста́рому профе́ссору.

Мари́я всегда́ бы́стро дохо́дит **до** ста́нции, когда́ у неё есть рабо́та.

接頭辞	対応する主な前置詞
в-（во-）	в＋対格
вы-	из＋生格、в, на＋対格
при-	в, на＋対格、к＋与格（人）
у-	из＋生格、в, на＋対格
за-	в, на＋対格、к＋与格（人）
до-	до＋生格

★移動の動詞＋不定形＝「～しに行く」
Он вы́шел гуля́ть с сестро́й.
Она́ уе́хала на мо́ре отдыха́ть.

🏷 **新しい単語**

☐ войти́（完）/ входи́ть（不）　☐ въе́хать（完）/ въезжа́ть（不）

☐ вы́ехать（完）/ выезжа́ть（不）　☐ вы́йти（完）/ выходи́ть（不）

☐ прие́хать（完）/ приезжа́ть（不）　☐ прийти́（完）/ приходи́ть（不）

☐ уе́хать（完）/ уезжа́ть（不）　☐ уйти́（完）/ уходи́ть（不）　☐ зае́хать（完）/ заезжа́ть（不）

☐ зайти́（完）/ заходи́ть（不）　☐ дое́хать（完）/ доезжа́ть（不）　☐ дойти́（完）/ доходи́ть（不）

☐ по́здно　☐ ра́но　☐ ста́нция　☐ до　☐ из　☐ от

1 適切な動詞を選び、訳しなさい。

1) Ка́ждое у́тро я (выхожу́/вы́йду) из до́ма ра́но.

2) Сейча́с я хочу́ бы́стро (доходи́ть/дойти́) до ста́нции.

3) Мои́ роди́тели (приезжа́ют/прие́дут) к нам ка́ждое ле́то.

4) - Когда́ ты (заезжа́ешь/зае́дешь) к ба́бушке? - За́втра.

5) Сестра́ е́здит на мо́ре ка́ждое ле́то. Сейчас её нет до́ма. Она́ уже́ (уе́хала/уезжа́ла).

6) Студе́нт (выходи́л/вы́шел) из библиоте́ки. Сейча́с он на конце́рте.

7) Мой брат (входи́л/вошёл) в ко́мнату. Сейча́с он слу́шает му́зыку в ко́мнате.

8) Вы (прихо́дите/придёте) к нам сего́дня ве́чером?

2 (　　　) 内に適切な前置詞を書きなさい。

1) Я зае́хал (　　　　　) дру́гу.

2) О́ля ча́сто заезжа́ет (　　　　　) э́тот магази́н купи́ть мя́со.

3) Профе́ссор прие́хал (　　　　　) университе́т.

4) Па́па зашёл (　　　　) по́чту.

5) Он уже́ уе́хал (　　　　) То́кио. Сейча́с он на Хокка́йдо.

6) Врач уе́хал (　　　) Росси́ю. Он бу́дет там рабо́тать.

7) Де́душка приезжа́ет (　　　　) нам ка́ждое ле́то.

3 適切な動詞を選びなさい。

1) Мари́я (вошла́/дошла́) в библиоте́ку.

2) Мы (дое́хали/вы́ехали) до ста́нции.

3) Па́па (зашёл/вы́шел) из магази́на.

4) Когда́ ты (зае́дешь/уе́дешь) к нам?

5) Роди́тели (прие́хали/вы́ехали) из до́ма ра́но.

6) Маши́на (въе́хала/вы́ехала) в парк.

4 囲みから適切な語を選びなさい。

Сегодня было холодно. Я не хотел (　　　　) на улицу. Но я хотел (　　　　) молоко. Я люблю чай с молоком. Я вышел (　　　　) дома на улицу и пошёл◇ в (　　　　). Я (　　　　) до магазина быстро. Там я купил пирожки и, конечно◇, молоко. Потом◇ я (　　　　) к Маше. Я сказал (　　　　) о лекции, которая будет завтра. Маша приготовила нам чай с молоком. Мы ели пирожки и долго (　　　　). Я (　　　　) домой◇ поздно. Я очень люблю говорить (　　　　) Машей.

пойти́◇「出かける」、коне́чно◇「もちろん」、пото́м◇「あとで」、домо́й◇「家へ」

дошёл, зашёл, идти, купить, пришёл, из, с, магазин, ей, говорили

5  (　　) 内の語を聞き取りなさい。

64

Каждое утро я (　　　　) из дома рано. Я еду на работу и (　　　　) до работы быстро. Днём◇ я (　　　　) на улицу. Я (　　　　) в кафе и покупаю там пирожки и чай. Потом я (　　　　) из кафе и снова◇ иду на работу. Я люблю мою◇ работу. Я (　　　　) с работы вечером. Потом я (　　　　) к другу. Он готовит нам еду. Мы смотрим спорт по телевизору и отдыхаем. Я (　　　　) домой не очень поздно.

днём◇「お昼に」、снова◇「再び」、мою◇<мойの対格（女性形）

65

┌─────────────────────────────────────┐
　　　　　　　　　Поговорим! ⑫

　—Скажи́те, пожа́луйста, как бы́стро дойти́ до ста́нции?
　—Иди́те пря́мо! Ста́нция там.

51

付表

1 名詞の格変化

1) 男性名詞

単主	студе́нт	журна́л	музе́й	писа́тель
生	студе́нта	журна́ла	музе́я	писа́теля
与	студе́нту	журна́лу	музе́ю	писа́телю
対	студе́нта	журна́л	музе́й	писа́теля
造	студе́нтом	журна́лом	музе́ем	писа́телем
前	студе́нте	журна́ле	музе́е	писа́теле
複主	студе́нты	журна́лы	музе́и	писа́тели
生	студе́нтов	журна́лов	музе́ев	писа́телей
与	студе́нтам	журна́лам	музе́ям	писа́телям
対	студе́нтов	журна́лы	музе́и	писа́телей
造	студе́нтами	журна́лами	музе́ями	писа́телями
前	студе́нтах	журна́лах	музе́ях	писа́телях

2) 中性名詞

単主	сло́во	мо́ре	вре́мя
生	сло́ва	мо́ря	вре́мени
与	сло́ву	мо́рю	вре́мени
対	сло́во	мо́ре	вре́мя
造	сло́вом	мо́рем	вре́менем
前	сло́ве	мо́ре	вре́мени
複主	слова́	моря́	времена́
生	слов	море́й	времён
与	слова́м	моря́м	времена́м
対	слова́	моря́	времена́
造	слова́ми	моря́ми	времена́ми
前	слова́х	моря́х	времена́х

3) 女性名詞

単	主	ко́мната	пе́сня	тетра́дь
	生	ко́мнаты	пе́сни	тетра́ди
	与	ко́мнате	пе́сне	тетра́ди
	対	ко́мнату	пе́сню	тетра́дь
	造	ко́мнатой	пе́сней	тетра́дью
	前	ко́мнате	пе́сне	тетра́ди
複	主	ко́мнаты	пе́сни	тетра́ди
	生	ко́мнат	пе́сен	тетра́дей
	与	ко́мнатам	пе́сням	тетра́дям
	対	ко́мнаты	пе́сни	тетра́ди
	造	ко́мнатами	пе́снями	тетра́дями
	前	ко́мнатах	пе́снях	тетра́дях

2 形容詞の格変化

1) 硬変化（語幹にアクセントのあるもの）

	男性	中性	女性	複数
主	но́вый	но́вое	но́вая	но́вые
生	но́вого		но́вой	но́вых
与	но́вому		но́вой	но́вым
対	{ но́вый / но́вого }	но́вое	но́вую	{ но́вые / но́вых }
造	но́вым		но́вой	но́выми
前	но́вом		но́вой	но́вых

2) 硬変化（語尾にアクセントのあるもの）

	男性	中性	女性	複数
主	молодо́й	молодо́е	молода́я	молоды́е
生	молодо́го		молодо́й	молоды́х
与	молодо́му		молодо́й	молоды́м
対	{ молодо́й / молодо́го }	молодо́е	молоду́ю	{ молоды́е / молоды́х }
造	молоды́м		молодо́й	молоды́ми
前	молодо́м		молодо́й	молоды́х

3) 軟変化

	男性	中性	女性	複数
主	си́ний	си́нее	си́няя	си́ние
生	си́него		си́ней	си́них
与	си́нему		си́ней	си́ним
対	си́ний си́него	си́нее	си́нюю	{си́ние / си́них}
造	си́ним		си́ней	си́ними
前	си́нем		си́ней	си́них

4) 混合型ру́сский

	男性	中性	女性	複数
主	ру́сский	ру́сское	ру́сская	ру́сские
生	ру́сского		ру́сской	ру́сских
与	ру́сскому		ру́сской	ру́сским
対	ру́сский/ру́сского	ру́сское	ру́сскую	{ру́сские / ру́сских}
造	ру́сским		ру́сской	ру́сскими
前	ру́сском		ру́сской	ру́сских

5) 混合型хоро́ший

	男性	中性	女性	複数
主	хоро́ший	хоро́шее	хоро́шая	хоро́шие
生	хоро́шего		хоро́шей	хоро́ших
与	хоро́шему		хоро́шей	хоро́шим
対	хоро́ший/хоро́шего	хоро́шее	хоро́шую	{хоро́шие / хоро́ших}
造	хоро́шим		хоро́шей	хоро́шими
前	хоро́шем		хоро́шей	хоро́ших

3 所有代名詞の変化

1) мойの格変化（твойも同じ変化）

	男性	中性	女性	複数
主	мой	моё	моя́	мои́
生	моего́		мое́й	мои́х
与	моему́		мое́й	мои́м
対	мой / моего́	моё	мою́	мои́ / мои́х
造	мои́м		мое́й	мои́ми
前	моём		мое́й	мои́х

2) нашの格変化（вашも同じ変化）

	男性	中性	女性	複数
主	наш	на́ше	на́ша	на́ши
生	на́шего		на́шей	на́ших
与	на́шему		на́шей	на́шим
対	наш / на́шего	на́ше	на́шу	на́ши / на́ших
造	на́шим		на́шей	на́шими
前	на́шем		на́шей	на́ших

4 э́тотの格変化

	男性	中性	女性	複数
主	э́тот	э́то	э́та	э́ти
生	э́того		э́той	э́тих
与	э́тому		э́той	э́тим
対	э́тот / э́того	э́то	э́ту	э́ти / э́тих
造	э́тим		э́той	э́тими
前	э́том		э́той	э́тих

ミニマムロシア語

検印 省略	© 2021 年 1 月 30 日　　初 版 発 行	

著者　　　　　　　　　　　　朝妻恵里子
　　　　　　　　　　　　　クセーニヤ・ゴロウィナ

発行者　　　　　　　　　　　　原　雅　久
発行所　　　　　　　　株式会社　朝 日 出 版 社
　　　　　　〒 101-0065 東京都千代田区西神田 3-3-5
　　　　　　　　　電話（03）3239-0271・72（直通）
　　　　　　　　　http://www.asahipress.com/
　　　　　　　　振替口座　東京　00140-2-46008
　　　　　　　　　明昌堂／信毎書籍印刷